1		
2		
3		
4		
5		
6		
7		
8		

1	
4	
6	
7	
3	
8	
5	
2	

1		
2		
3		
4		
5		
6		
7		
8		

Decision-making made easy

Every day we have to make decisions, and lots of them. Mostly, we just get on and do it – toast or cornflakes? – but it's not always that simple.

Making all kinds of decisions, from choosing a paint colour (a minor decision) to naming your child (a major decision) can be difficult and stressful.

This book is designed to help you make decisions using a simple but effective method.

The technique involves reducing countless complex options down to an ordered series of binary choices. Picking one colour from dozens can be agonising, yet when there are just two to choose between, it's easy to argue that one is objectively better than the other.

What you need to do
Fill out the numbered list then make your binary choices to complete the league table. The result is a single, arguably correct, answer.
Use multiple leagues if you have more than eight options to start with or, if necessary, build a league of leagues. It also works with fewer than eight. If you have an odd number of starting points then give the last entry on the list a free pass to the next stage.
If you're not convinced by the result, mix up the order and do it again.
If for any reason you end up deadlocked, toss a coin. If you're pleased with the outcome then go with it, but if you're disappointed then disregard the coin toss because you have found out which one you really wanted all along – the other one!

See our example overleaf that sets out to determine which pizza topping is best:

What is the best Pizza?

1	~~Hawaiian~~	
2	~~Pepperoni~~	
3	~~Four Cheese~~	
4	~~Meat Feast~~	
5	Margarita	**X**
6	~~Ham~~	
7	Hot 'n' Spicy	
8	~~Mushroom~~	

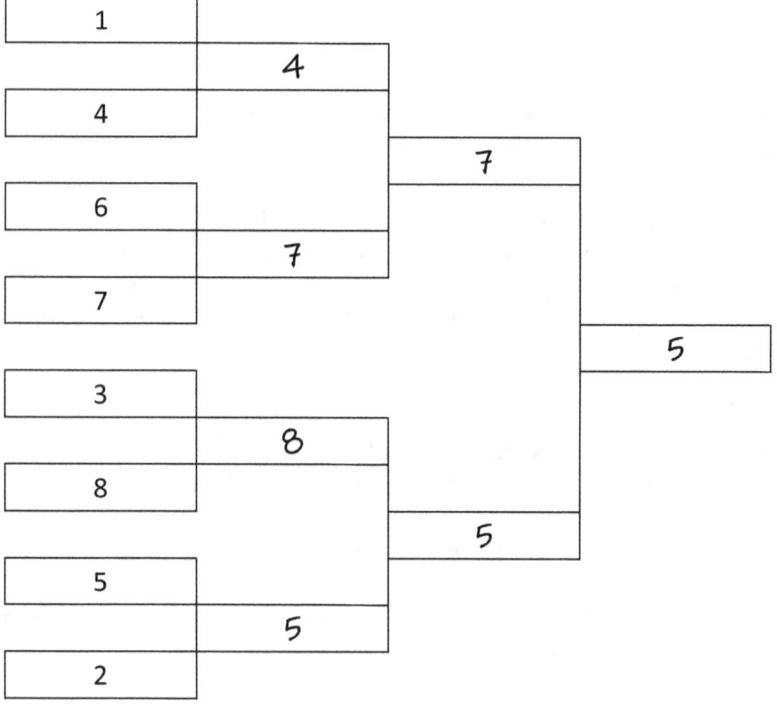

1		
2		
3		
4		
5		
6		
7		
8		

1

4

6

7

3

8

5

2

1		
2		
3		
4		
5		
6		
7		
8		

1
4

6
7

3
8

5
2

1		
2		
3		
4		
5		
6		
7		
8		

1		
2		
3		
4		
5		
6		
7		
8		

1		
2		
3		
4		
5		
6		
7		
8		

1	
4	
6	
7	
3	
8	
5	
2	

1		
2		
3		
4		
5		
6		
7		
8		

1		
2		
3		
4		
5		
6		
7		
8		

1		
2		
3		
4		
5		
6		
7		
8		

1
4

6
7

3
8

5
2

1		
2		
3		
4		
5		
6		
7		
8		

1	
4	
6	
7	
3	
8	
5	
2	

1		
2		
3		
4		
5		
6		
7		
8		

Bracket:
- 1
- 4
- 6
- 7
- 3
- 8
- 5
- 2

1		
2		
3		
4		
5		
6		
7		
8		

1
4

6
7

3
8

5
2

1		
2		
3		
4		
5		
6		
7		
8		

```
 1 ─┐
    ├─┐
 4 ─┘ │
      ├─┐
 6 ─┐ │ │
    ├─┘ │
 7 ─┘   │
        ├─
 3 ─┐   │
    ├─┐ │
 8 ─┘ │ │
      ├─┘
 5 ─┐ │
    ├─┘
 2 ─┘
```

1		
2		
3		
4		
5		
6		
7		
8		

1		
2		
3		
4		
5		
6		
7		
8		

1		
2		
3		
4		
5		
6		
7		
8		

1		
2		
3		
4		
5		
6		
7		
8		

1		
2		
3		
4		
5		
6		
7		
8		

1

4

6

7

3

8

5

2

1		
2		
3		
4		
5		
6		
7		
8		

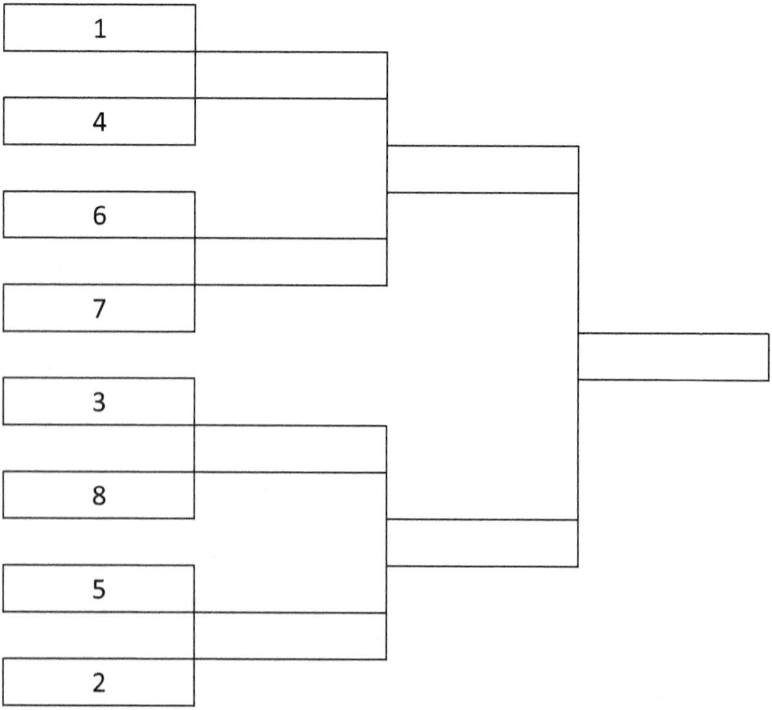

```
┌──────────┐
│    1     │
└──────────┤
           ├──────────┐
┌──────────┤          │
│    4     │          │
└──────────┘          ├──────────┐
                      │          │
┌──────────┐          │          │
│    6     │          │          │
└──────────┤          │          │
           ├──────────┘          │
┌──────────┤                     │
│    7     │                     │
└──────────┘                     ├──────────┐
                                 │          │
┌──────────┐                     │          │
│    3     │                     │          │
└──────────┤                     │          │
           ├──────────┐          │          │
┌──────────┤          │          │
│    8     │          │          │
└──────────┘          ├──────────┘
                      │
┌──────────┐          │
│    5     │          │
└──────────┤          │
           ├──────────┘
┌──────────┤
│    2     │
└──────────┘
```

1		
2		
3		
4		
5		
6		
7		
8		

```
 1 ─┐
    ├─┐
 4 ─┘ │
      ├─┐
 6 ─┐ │ │
    ├─┘ │
 7 ─┘   │
        ├─┐
 3 ─┐   │ │
    ├─┐ │ │
 8 ─┘ │ │ │
      ├─┘ │
 5 ─┐ │   │
    ├─┘
 2 ─┘
```

1		
2		
3		
4		
5		
6		
7		
8		

1	
4	

6	
7	

3	
8	

5	
2	

1		
2		
3		
4		
5		
6		
7		
8		

1		
2		
3		
4		
5		
6		
7		
8		

1		
2		
3		
4		
5		
6		
7		
8		

1		
2		
3		
4		
5		
6		
7		
8		

1

4

6

7

3

8

5

2

1		
2		
3		
4		
5		
6		
7		
8		

1		
2		
3		
4		
5		
6		
7		
8		

1		
2		
3		
4		
5		
6		
7		
8		

1

4

6

7

3

8

5

2

1		
2		
3		
4		
5		
6		
7		
8		

1		
2		
3		
4		
5		
6		
7		
8		

1		
2		
3		
4		
5		
6		
7		
8		

1
4

6
7

3
8

5
2

1		
2		
3		
4		
5		
6		
7		
8		

1		
2		
3		
4		
5		
6		
7		
8		

1		
2		
3		
4		
5		
6		
7		
8 .		

1
4

6
7

3
8

5
2

1		
2		
3		
4		
5		
6		
7		
8		

1		
2		
3		
4		
5		
6		
7		
8		

1	
4	
6	
7	
3	
8	
5	
2	

1		
2		
3		
4		
5		
6		
7		
8		

1		
2		
3		
4		
5		
6		
7		
8		

1

4

6

7

3

8

5

2

1		
2		
3		
4		
5		
6		
7		
8		

1		
2		
3		
4		
5		
6		
7		
8		

1		
2		
3		
4		
5		
6		
7		
8		

```
1 ─┐
   ├─┐
4 ─┘ │
     ├─┐
6 ─┐ │ │
   ├─┘ │
7 ─┘   │
       ├─
3 ─┐   │
   ├─┐ │
8 ─┘ │ │
     ├─┘
5 ─┐ │
   ├─┘
2 ─┘
```

1		
2		
3		
4		
5		
6		
7		
8		

1		
2		
3		
4		
5		
6		
7		
8		

1		
2		
3		
4		
5		
6		
7		
8		

1		
2		
3		
4		
5		
6		
7		
8		

1
4

6
7

3
8

5
2

1		
2		
3		
4		
5		
6		
7		
8		

1		
2		
3		
4		
5		
6		
7		
8		

1		
2		
3		
4		
5		
6		
7		
8		

1
4

6
7

3
8

5
2

1		
2		
3		
4		
5		
6		
7		
8		

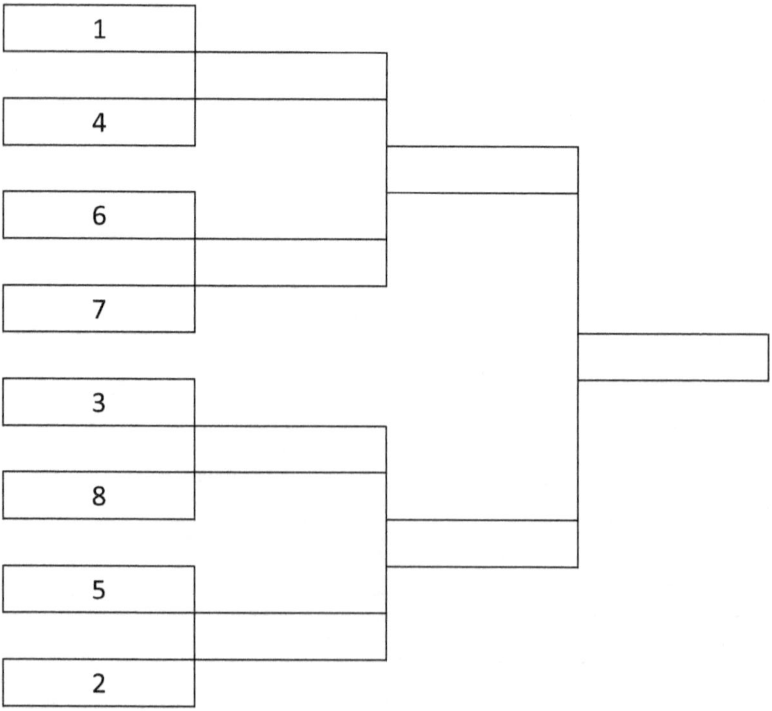

1		
2		
3		
4		
5		
6		
7		
8		

1
4

6
7

3
8

5
2

1		
2		
3		
4		
5		
6		
7		
8		

1
4

6
7

3
8

5
2

1		
2		
3		
4		
5		
6		
7		
8		

1		
2		
3		
4		
5		
6		
7		
8		

1	
4	
6	
7	
3	
8	
5	
2	

1		
2		
3		
4		
5		
6		
7		
8		

1		
2		
3		
4		
5		
6		
7		
8		

- 1
- 4
- 6
- 7
- 3
- 8
- 5
- 2

1		
2		
3		
4		
5		
6		
7		
8		

1		
2		
3		
4		
5		
6		
7		
8		

1		
2		
3		
4		
5		
6		
7		
8		

1		
2		
3		
4		
5		
6		
7		
8		

1		
2		
3		
4		
5		
6		
7		
8		

1		
2		
3		
4		
5		
6		
7		
8		

Bracket
1
4
6
7
3
8
5
2

1		
2		
3		
4		
5		
6		
7		
8		

1		
2		
3		
4		
5		
6		
7		
8		

1
4
6
7
3
8
5
2

1		
2		
3		
4		
5		
6		
7		
8		

1		
2		
3		
4		
5		
6		
7		
8		

1		
2		
3		
4		
5		
6		
7		
8		

1
4

6
7

3
8

5
2

1		
2		
3		
4		
5		
6		
7		
8		

1		
2		
3		
4		
5		
6		
7		
8		

1		
2		
3		
4		
5		
6		
7		
8		

1		
2		
3		
4		
5		
6		
7		
8		

1		
2		
3		
4		
5		
6		
7		
8		

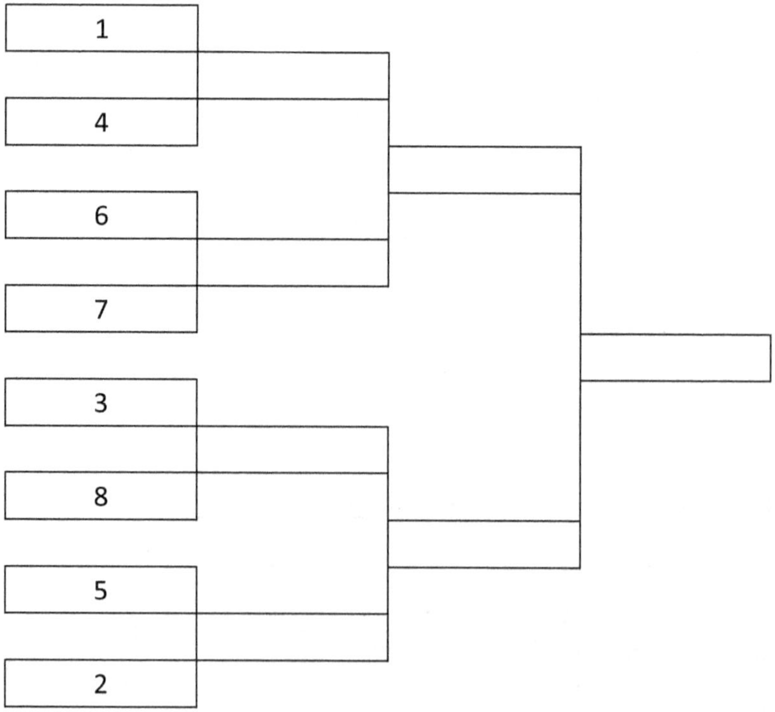

```
 ┌── 1 ──┐
 │        ├──┐
 └── 4 ──┘   │
             ├──┐
 ┌── 6 ──┐   │  │
 │        ├──┘  │
 └── 7 ──┘      │
               ├──
 ┌── 3 ──┐      │
 │        ├──┐  │
 └── 8 ──┘   │  │
             ├──┘
 ┌── 5 ──┐   │
 │        ├──┘
 └── 2 ──┘
```

1		
2		
3		
4		
5		
6		
7		
8		

1		
2		
3		
4		
5		
6		
7		
8		

1		
2		
3		
4		
5		
6		
7		
8		

1		
2		
3		
4		
5		
6		
7		
8		

1		
2		
3		
4		
5		
6		
7		
8		

1			
4			
6			
7			
3			
8			
5			
2			

1		
2		
3		
4		
5		
6		
7		
8		

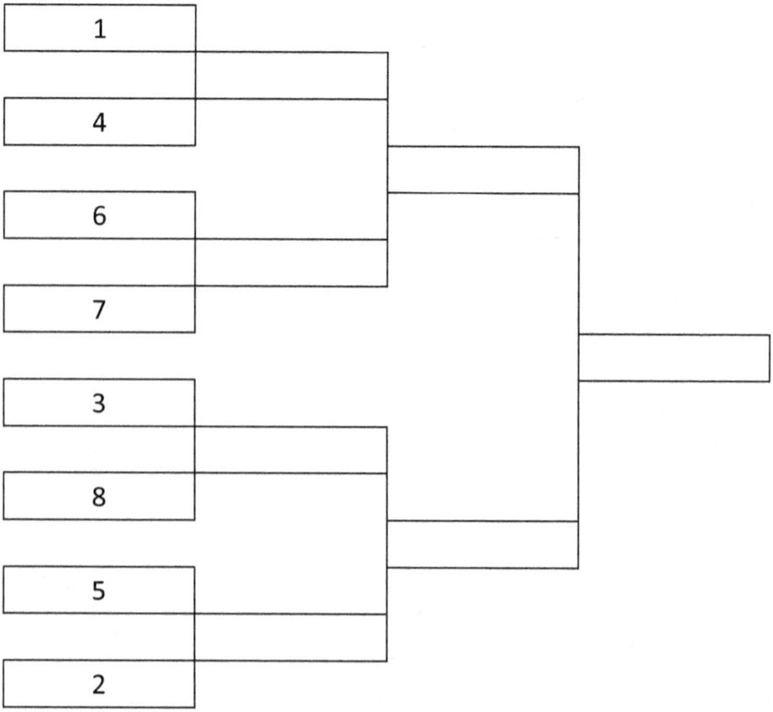

1		
2		
3		
4		
5		
6		
7		
8		

1		
2		
3		
4		
5		
6		
7		
8		

1		
2		
3		
4		
5		
6		
7		
8		

1		
2		
3		
4		
5		
6		
7		
8		

1	
4	
6	
7	
3	
8	
5	
2	

1		
2		
3		
4		
5		
6		
7		
8		

1		
2		
3		
4		
5		
6		
7		
8		

1		
2		
3		
4		
5		
6		
7		
8		

```
 ┌─ 1 ─┐
 │     ├─┐
 └─ 4 ─┘ │
         ├─┐
 ┌─ 6 ─┐ │ │
 │     ├─┘ │
 └─ 7 ─┘   │
           ├─
 ┌─ 3 ─┐   │
 │     ├─┐ │
 └─ 8 ─┘ │ │
         ├─┘
 ┌─ 5 ─┐ │
 │     ├─┘
 └─ 2 ─┘
```

1		
2		
3		
4		
5		
6		
7		
8		

1		
2		
3		
4		
5		
6		
7		
8		

1		
2		
3		
4		
5		
6		
7		
8		

1		
2		
3		
4		
5		
6		
7		
8		

1
4

6
7

3
8

5
2

1		
2		
3		
4		
5		
6		
7		
8		

1
4

6
7

3
8

5
2

1		
2		
3		
4		
5		
6		
7		
8		

1		
2		
3		
4		
5		
6		
7		
8		

1		
2		
3		
4		
5		
6		
7		
8		

1		
2		
3		
4		
5		
6		
7		
8		

1		
2		
3		
4		
5		
6		
7		
8		

```
1 ─┐
   ├─┐
4 ─┘ │
     ├─┐
6 ─┐ │ │
   ├─┘ │
7 ─┘   │
       ├───
3 ─┐   │
   ├─┐ │
8 ─┘ │ │
     ├─┘
5 ─┐ │
   ├─┘
2 ─┘
```

1		
2		
3		
4		
5		
6		
7		
8		

1
4

6
7

3
8

5
2

1		
2		
3		
4		
5		
6		
7		
8		

1		
2		
3		
4		
5		
6		
7		
8		

1		
2		
3		
4		
5		
6		
7		
8		

```
 1 ─┐
    ├─┐
 4 ─┘ │
      ├─┐
 6 ─┐ │ │
    ├─┘ │
 7 ─┘   │
        ├─
 3 ─┐   │
    ├─┐ │
 8 ─┘ │ │
      ├─┘
 5 ─┐ │
    ├─┘
 2 ─┘
```